SPOT

VEHÍCULOS MOTORIZADOS

LOS INDY CARS

por Alissa Thielges

amicus
LEARNING

circuito

alerón delantero

Busca estas palabras e imágenes mientras lees.

volante

neumático

Los indy cars son autos de carreras rápidos.

¡Bruum!

¡Míralos!

¿Ves el circuito? Es una pista grande y circular. La carrera más larga es de 200 vueltas.

¿Ves la parrilla de salida de los autos? Los indy cars se alinean allí. La carrera está a punto de empezar.

MCLAUGHLIN
PPG

alerón delantero

¿Ves el alerón delantero?
Empuja el aire hacia abajo.
Mantiene estable el auto.

24
Service
MERCHANDISE
Garrard
ELECTRONICS
HOLSET
PEPSI
BOSCH
Service

volante

¿Ves el volante?
Tiene muchos botones.
Uno hace que el auto
vaya más rápido.

PLC
P2P
REV LIMIT
PAGE
MIXTURE
NEUTRAL
REVERSE
RESET
P2P

¿Ves los neumáticos?
Son lisos.
Ayudan a que el auto
vaya más rápido.

HMD
XTRAC

Es la última vuelta.
Baja la bandera.
¡Tenemos un ganador!

circuito

alerón delantero

¿Lo encontraste?

volante

neumático

Publicado por Amicus Learning, un sello de Amicus
P.O. Box 227, Mankato, MN 56002
www.amicuspublishing.us

Library of Congress Cataloging-in-Publication
Data Names: Thielges, Alissa, 1995- author.
Title: Los indy cars / by Alissa Thielges.
Other titles: Indy cars. Spanish
Description: Mankato, MN : Amicus Learning, [2026] | Series: Vehículos motorizados | Audience: Ages 4–7 | Audience: Grades K–1 | Summary: "Indy cars are racecars named after the Indianapolis (Indy) 500, a 500-lap race in Indiana. The cars have wings and an open cockpit. Translated into North American Spanish, this search-and-find book reinforces new vocabulary words with simple facts and compelling photographs to teach kindergarten readers about motorsports"— Provided by publisher.
Identifiers: LCCN 2024052093 (print) | LCCN 2024052094 (ebook) | ISBN 9798892006637 (library binding) | ISBN 9798892007238 (paperback) | ISBN 9798892007832 (ebook)
Subjects: LCSH: Indy cars—Juvenile literature. | Automobiles, Racing—Juvenile literature. | CYAC: Indy cars. | Automobiles, Racing.
Classification: LCC TL236.25 .T4518 2026 (print) | LCC TL236.25 (ebook) | DDC 629.228/5—dc23/eng/20241219

Ana Brauer, editora
Deb Miner, diseñador de la serie
Sara Hood, diseñador de libro y investigación fotográfica

Créditos de Imágenes: Alamy Stock Photo/Kirby Lee, 4–5; Forrest Bowman III, 10–11; Getty Images/Brian Spurlock/Icon Sportswire, 6–7, David Allio/Icon Sportswire, 3, Fred Vuich, 14, Pascal Rondeau, 8–9; Shutterstock/Grindstone Media Group, cover, 1, 12–13

LOS INDY CARS